AF468691

EXPÉDITION

DE 1837,

DANS L'INTÉRIEUR DE L'ESPAGNE,

par l'armée

DE S. M. CHARLES V,

Placée sous le commandement supérieur de S. A. R. l'Infant Don Sébastien-Gabriel

PAR LÉON B***

CHEF D'ESCADRON AGRÉGÉ AU 1er RÉGIMENT DE LANCIERS NAVARRAIS, CHEVALIER DE L'ORDRE ROYAL ET MILITAIRE DE SAINT-FERDINAND ET DE L'ORDRE ROYAL ET AMÉRICAIN D'ISABELLE-LA-CATHOLIQUE.

1838

Extrait de la Gazette du Languedoc,

du 3 Juin 1837, — N° 1277.

Nous avons constamment réfuté les récits emphatiques, les bulletins mensongers des généraux de la reine usurpatrice du trône d'Espagne ; nous avons montré les inexactitudes des journalistes révolutionnaires et du télégraphe, qui, entr'autres choses, n'a pas la science des noms ; mais dans notre lutte incessante, dans notre polémique quotidienne, nous n'avons pu toujours placer en ordre et présenter en un seul tableau les divers épisodes de ce grand drame dont la Péninsule ibérique est le théâtre depuis quatre années ; et bien que nous ayons cependant la certitude que nos articles et nos correspondances contiennent les plus précieux matériaux pour écrire l'histoire de la succession de Ferdinand, nous voyons avec plaisir qu'on s'occupe déjà, d'après d'autres données, à former les élémens de cette histoire.

M. Léon B....., chef d'escadron au service de S. M. Charles V, va publier incessamment une notice étendue sur la campagne de ce Prince hors de la Navarre et des provinces basques, en 1837. L'auteur avait l'honneur de servir dans cette campagne, et tout ce qu'il dit, tout ce qu'il rapporte est authentique. On remarquera dans cet écrit la précision, l'exactitude d'un militaire, les nobles et loyaux sentimens d'un royaliste qui s'est voué, avec désintéressement, à la défense de la plus juste cause. Nous recommandons cette brochure à tous nos amis politiques et à tous les amis de la vérité. C'est une réponse aux calomnies et aux injures des écrivains révolutionnaires ; c'est un hommage à l'un des Rois qui connaît le mieux les devoirs et la sainteté de sa mission.

EXPÉDITION

DE L'ARMÉE ROYALE

EN 1837.

EXPÉDITION

DE L'ARMÉE ROYALE

EN 1837.

Le Gouvernement révolutionnaire qui désole en ce moment une partie de l'Espagne a cherché à démontrer à l'étranger, par ses rapports mensongers, que la réception faite au Roi légitime de l'Espagne, par ses fidèles sujets, lors de son passage et de son séjour parmi eux, n'avait été obtenue que par la crainte, de la part des habitans, et par la force des armes de l'armée expéditionnaire.

L'Europe entière a été souvent fatiguée des relations répétées qui donnaient pour certaine l'entière destruction des royalistes, et osaient même assurer que celui qu'elles désignaient comme Prétendant, devait tomber en leur pouvoir et leur être livré par ceux mêmes qu'il appelait ses sujets.

Les succès obtenus par l'armée royaliste, la conduite des habitans, au passage de leur Roi, la rentrée des forces expéditionnaires dans les provinces par une retraite opérée dans le meilleur ordre, ont assez démontré la fausseté de ces relations mensongères que n'ont pas craint de répéter les feuilles révolutionnaires de l'Europe, ont assez démontré que toutes les provinces de l'Espagne n'attendent que l'occasion favorable pour secouer le joug de l'usurpation et proclamer le Roi légitime.

En mettant au jour les faits qui se sont succédé dans l'expédition royale il sera facile de prouver que les bulletins révolutionnaires n'ont cessé de publier des faits inexacte, depuis le jour où l'armée royale, aux ordres de S. A. R. l'Infant don Sébastien-Gabriel, capitaine général en chef des armées, par une retraite combinée, abandonna les cantonnemens qu'elle occupait sur la ligne de Saint-Sébastien pour se porter sur la rivière de Larga (vallée d'Etchaurri) où se réunissaient dans les journées des 15 et 16 mai toutes les forces faisant partie de l'armée expéditionnaire qui devait parcourir les Espagnes.

Le temps était des plus beaux, et l'ennemi, dont l'attention avait été appelée sur un autre point, ne pouvait arriver à temps pour nous disputer le passage; tout enfin annonçait que le Dieu des armées guidait notre marche et nous promettait de nombreux succès.

La présence du Roi au milieu de ses troupes animait et encourageait tous les soldats, et chacun d'eux, à son passage du fleuve qui sépare les Provinces, jurait de ne rentrer sur la terre fidèle qu'après avoir battu l'ennemi.

Le 17 mai les dispositions avaient été prises pour l'établissement d'un pont qui fut lancé par les soins d'un ingénieur, et le même jour dans la soirée la division Sanz, formée de Navarrais, opéra son passage, pour protéger le lendemain celui de la personne du Roi et du reste de l'armée.

Le Roi passa la nuit à Etchaurri et S. A. R. l'Infant don Sébastien-Gabriel, ainsi que le chef d'état major, le Lieutenant-Général don Vicenté Gonzalez de Moreno, au village de Sirisa, où était campé le corps d'artillerie; l'armée occupa les villages de la rive droite du fleuve et les plus rapprochés du pont établi.

L'ordre le plus parfait régnait dans tous les corps et

le service se faisait avec une exactitude et une régularité presque incroyables; les vivres étaient arrivés des magasins d'Estella et de Salinas; les bataillons avaient reçu vêtemens et chaussure en abondance; tout le monde était content, car tout présageait un avenir de bonheur; l'armée paraissait beaucoup espérer de ses officiers-généraux et de la confiance que leur accordait le Roi.

Le 18, dès l'aurore, les officiers d'état-major et les adjudans-généraux se croisaient dans toutes les directions; tout annoncait le départ; la cavalerie était arrivée au point du jour; sa belle tenue et son ensemble offraient un coup d'œil brillant; le chef d'état-major accompagné de ses adjudants-généraux se porta sur le point de la rivière où une barque récemment construite et servie par des Navarrais attendait l'arrivée du Roi pour le transporter sur la rive gauche du fleuve. Il se rendit ensuite au pont et immédiatement commença le passage de l'armée.

Une foule considérable de paysans était accourue de tous les points pour jouir du spectacle imposant qu'offrait alors cette réunion de troupes de toutes armes : c'était aussi un père qui venait embrasser son fils pour la dernière fois, une sœur qui venait donner à son frère le baiser d'adieu; vieillards, femmes et enfans, tous remplis de joie, malgré le départ de leurs parens et tous faisant des vœux pour le succès de la cause légitime et le salut de leur Roi.

S. A. R l'Infant don Sébastien-Gabriel passa le pont vers une heure de l'après-midi au milieu des acclamations du peuple qui se pressait pour l'apercevoir; il était suivi du brave et digne général Villareal et du jeune Prince autrichien Félix de Lichnowsky, ses aides-de-camp; vinrent ensuite le comte de Madeira, lieutenant-général portugais et tous les officiers d'état-major et d'ordonance de S. A. R.

Le quartier-général fut établi sur la rive gauche, et les bataillons, après avoir effectué leur passage, se formaient en colonne serrée dans la vaste plaine d'où ils étaient encore aperçus des fidèles sujets de S. M.

Le passage du fleuve dura une partie de la journée, et malgré l'affluence des curieux, la cavalerie qui formait l'arrière-garde put également effectuer le sien avant le coucher du soleil.

S. M. Charles V, après son passage, arriva devant les troupes à cinq heures du soir et immédiatement, par une manœuvre habile, l'armée se forma en bataille pour être passée en revue et défiler devant son Roi.

Quel enthousiasme, quelle joie générale! ah oui! le 18 mai le roi légitime d'Espagne aura été convaincu de l'amour de ses fidèles sujets et défenseurs. Le peuple, malgré les ordres donnés, s'était précipité sur le pont et une grande partie avait traversé le fleuve pour jouir de plus près de ce magnifique spectacle.

La revue se termina bientôt et l'armée se mit en mouvement, dirigeant sa marche sur l'Aragon; déjà la cavalerie du brave et infortuné colonel Manuelin, partie dans la matinée, s'était portée jusques près de Sanguesa, dernier village de la Navarre sur la frontière d'Aragon, afin d'éclairer la marche de l'armée.

L'artillerie ne traversa point le fleuve; seulement les équipages et le train firent partie de l'expédition; les difficultés du terrain que nous devions rencontrer dans nos marches nous privèrent de ce puissant appui.

S. A. R., avant de monter à cheval et de quitter la rive du fleuve, eut un long entretien avec le maréchal de camp don Francisco Garcia, commandant général du royaume de Navarre, Antonio Arjona, ancien chef d'état-major de cette division et alors secrétaire militaire de

S. A. R. était présent. Des instructions furent données au général Garcia, qui se retira après avoir pris congé de S. A. R.

Les généraux Zariategui et Eliot vinrent alors se réunir à l'Infant et l'accompagnèrent dans sa marche jusqu'au village, où l'armée campa pour passer la nuit : nous étions alors très-près de Pampelune ; un froid rigoureux incommodait les troupes, mais les paysans navarrais, qui avaient suivi l'armée, apportèrent une telle quantité de bois et de vin, que bientôt le froid ne pouvait plus inquiéter les soldats.

Dans la nuit des reconnaissances furent poussées jusques sous les murs de Pampelune dont les portes avaient été fermées dès la réception de la nouvelle de l'approche de nos troupes : un corps d'observation fut placé sur notre droite pour surveiller les mouvemens de la colonne de la Ribera sous le commandement du rebelle Irribarren, qui arrivait à marches forcées pour s'opposer à notre passage ; l'inhabileté de ce général a été bien démontrée, d'abord par le mouvement qu'il opéra de Pampelune à Olite, mouvement seulement occasionné par la descente de quelques forces royalistes qui devaient appeler l'attention de sa division, afin de faciliter le passage de l'armée expéditionnaire, et ensuite par la bataille qu'il livra à Huesca contre des forces supérieures, sans espoir possible de secours.

Si au contraire Irribarren se fut contenté de garder la rive gauche du fleuve, il empêchait l'armée royaliste d'opérer son passage sur l'Arga, et il lui restait toutes les chances de victoire, dans le cas où, de vive force, l'armée de Charles V eût voulu passer en Aragon par ce point : en effet, il donnait le temps au général Espartero, alors à Saint-Sébastien, d'opérer sur nos derrières, et les royalistes, en ce dernier cas, eussent couru le risque d'une défaite ;

Toutefois le général en chef de l'armée carliste avait bien arrêté ses mouvemens, et combiné à l'avance les marches qu'il avait à faire pour tromper à la fois les deux corps ennemis; son habile tactique réussit à merveille: l'armée pénétra en Aragon et Irribarren fut, bientôt après, complètement battu à Huesca.

Le 19 mai, au point du jour, toute l'armée était formée en colonne; un ordre du chef d'état-major général suspendit la marche: c'était pour attendre l'arrivée de quatre bataillons Guipuzcoans désignés pour faire partie de l'expédition et dont la présence nécessaire à la ligne de Saint-Sébastien avait retardé le départ. Néanmoins et vers midi, ces forces n'ayant point paru, l'armée se mit en mouvement dans l'ordre le plus parfait.

Les Navarrais, commandés par l'intrépide général Sanz, formaient l'avant-garde; venaient ensuite les Aragonais, commandés par l'infortuné Quilez. S. M. Charles V, suivie de ses Ministres, de ses Gentilshommes, aides-de-camp, et des personnes composant le quartier royal et entourée de ses gardes-du-corps, marchait au centre, protégée par les bataillons Alavais, commandés par le sage général Sopelana.

Les Castillans, le bataillon des grenadiers de la garde, et celui des brâves de la légion étrangère, formaient l'arrière-garde qui était protégée par les quatre régimens composant la cavalerie de l'expédition.

Après avoir passé en vue de Pampelune, l'armée s'arrêta une heure environ dans une vaste plaine, à droite de la route royale de Pampelune à Sanguesa, et continua ensuite sa route jusqu'au près de Lumbier, village fortifié occupé par les christinos, et passa la nuit dans les villages environnans.

De toutes parts on voyait venir les habitans saluer leur

Roi et faire des vœux pour le triomphe de sa juste cause. Les vivres arrivaient en abondance par les soins de l'Intendant général de l'armée, don Gaspar de Labandero, et de don Nicador Labandero, qui déployèrent, en cette circonstance, un zèle infatigable pour subvenir aux besoins des troupes.

Le 20 mai, l'armée continua sa marche sans être nullement inquiétée; les éclaireurs parcouraient le pays sans rencontrer aucune trace de l'ennemi, qui cependant manœuvrait sur notre droite pour arriver avant nous à Huesca. Au coucher du soleil, l'avant-garde arriva à Galipienso, où se trouvait déjà le brave Manuclin avec sa cavalerie, et qui s'occupait du rétablissement du pont sur la rivière d'Aragon, dont une arche avait été détruite par l'ennemi. Le même jour, l'armée continua sa marche par le pont, et, au point du jour, la cavalerie avait aussi passé. Le peu de l'argeur du pont était un grand obstacle pour cette arme, qui opéra cependant son passage sans accident.

S. A. R. et son chef d'état-major avaient passé la rivière avant la nuit; ils prirent possession d'un camp choisi par des officiers d'état-major envoyés à ce sujet. S. M. passa la nuit dans un village voisin du camp; mais S. A. R. resta au milieu de l'armée sous une tente qui lui fut élevée par les sapeurs du bataillon de la légion étrangère. La nuit était fort belle, et les chants d'allégresse des soldats donnaient à ce camp l'aspect d'une fête champêtre. Une caserne voisine, occupée par 200 mignonès (ou gendarmes), se rendit dans la nuit, et ces soldats prirent rang dans l'armée du Roi. Au point du jour, le pont fut coupé, et l'armée se mit en marche, dans le même ordre que la veille, et dans la direction de Huesca. La cavalerie de Manuclin était toujours d'une demi-journée de marche en avant de la colonne d'avant-garde. La bravoure de ce colonel et sa parfaite connaissance du pays offraient à l'armée beaucoup de sécurité ; aussi se présenta-t-il à la ville de Luna vingt heures avant l'armée. Il y fit préparer toutes les rations nécessaires, et continua immédiatement sa marche sur Huesca, où il entra également vingt-quatre heures avant notre avant-garde, ce qui ne permit point au rebelle Irribarren de prendre possession de la ville et d'y attendre l'armée royaliste.

L'Armée après être passée sous les murs de Sadava, ville fortifiée où s'étaient réunis et enfermés tous les libéraux de la province, suivit sa marche jusque près d'Exea et passa la nuit campée dans le meilleur ordre près de ce village. Aucune plainte ne se faisait entendre de la part des habitans ; les soldats, ne songeant qu'aux succès de l'avenir, ne s'occupaient que de leur repos et de la marche qu'ils auraient à faire le lendemain.

Le 22 mai, l'armée fit son entrée dans la ville de Luna dont la population s'était assemblée pour la recevoir. Elle resta jusqu'au lendemain vers onze heures du matin, l'armée trouva en cette ville et en abondance tous les vivres nécessaires, et un convoi de riz, de pain et de viande suivit les bataillons à leur départ.

Le 23 mai, l'armée arriva dans un village à deux lieues de Huesca ; les bataillons campèrent ainsi que la cavalerie dans les rues du village ; un bataillon d'Aragonais continua sa marche sur Huesca pour protéger la cavalerie du colonel Manuclin qui avait fait son entrée dans la ville le même jour au matin.

Huesca est la seconde ville d'Aragon : sa population d'environ 30,000 âmes resta dans la ville pour y recevoir son roi, mais le séjour continuel de l'armée révolutionnaire dans ses environs avait écarté du devoir bon nombre de ses habitans qui s'étaient retirés à l'approche de notre avant-garde.

Le 24 mai à dix heures du matin l'armée arriva devant Huesca. Un char attelé de six mules avait été envoyé et offert par la ville à S. M. qui le refusa et fit son entrée à cheval. Cette journée à jamais mémorable pour les armes de la légitimité eut pu être bien fatale, si l'inhabile Irribaren eût attendu la nuit pour attaquer. Il comptait trop sur ses propres forces et la défaite qu'essuya sa division qui eut été entièrement détruite, sans les invincibles efforts de la légion française, a démontré à l'Espagne entière et au monde royaliste ce que peut la valeur unie au bon droit.

S. M. Charles V passa en revue toutes les troupes de l'expédition qui défilèrent ensemble devant sa royale personne. Une foule considérable s'était portée sur le terrain de manœuvre qui devait bientôt devenir celui d'une sanglante bataille et attendait avec impatience l'entrée des troupes.

Le Roi, monté sur un cheval blanc et entouré de ses ministres était placé sur le Glacis du Boulevart et les bataillons défilaient au pas accéléré dans l'ordre le plus parfait, au point que les habitans, qui précédemment avaient vu les les troupes de l'expédition de Catalogne par Guergué passer par leur ville, ne voulaient pas en croire leurs yeux.

Le Bataillon de la légion étrangère, fort alors de 600 hommes, formait l'arrière-garde: la belle tenue et l'aspect si imposant de ces vieux militaires attirait surtout l'attention d'autant plus que ces mêmes soldats, sous une autre bannière, avaient séjourné parmi eux. La revue se termina vers deux heures, et les troupes entrèrent dans leurs cantonemens ; la cavalerie logea également en ville. La division du fameux Irribaren s'était approchée jusqu'à portée de canon de la ville, sans être aperçue, et, par une de ces fatalités de la guerre, sans qu'aucun espion, aucun individu, fût venu donner avis de son arrivée, quatre bataillons Navarrais, au commandement de Sanz, occupaient une hauteur hors la ville, et les soldats de cette division étaient presque tous répandus dans lintérieur de la cité. Irribaren croyant, par un coup de main, jeter l'épouvante dans l'armée royaliste, fait avancer sa division, et arrive jusqu'aux premières maisons, protégé par l'ombrage de nombreux oliviers. Le premier coup de canon, sorti de ses rangs, fut pour nous le premier avis de sa présence.

La générale fut battue dans tous les quartiers; chacun courait aux armes : un silence morne présidait à cette scène militaire et n'était interrompu que par des fréquentes détonnations de l'artillerie ennemie et l'éclat de ses bombes qui foudroyaient la ville.

En un clin-d'œil, l'armée royaliste fut sous les armes. L'intrépide général Sanz avait le premier réuni sa division. Aussitôt il se précipite sur les rangs ennemis dont il enfonce le centre ; mais bientôt pressé par le nombre, il doit se replier (1). Toujours dans un ordre parfait, il soutient pendant près d'une demi-heure le choc de toute l'armée ennemie ; il allait s'ébranler malgré sa trop grande bravoure, lorsque, débouchant par la droite, les braves Quilez et Sopelana, à la tête des Aragonais et des Alavais, enfoncent les masses qu'opposait l'ennemi et rétablissent notre première ligne.

La cavalerie de l'armée royale débouche alors par l'aile gauche, soutenue par le bataillon de la légion étrangère, qui fait des prodiges de valeur, et met en

(1) On observera que Sanz avait à lutter avec quatre bataillons contre douze bataillons christinos.

déroute complète l'aile gauche, défendue par la légion française, qui seule disputait encore le gain de la bataille. Ecrasée par le nombre, abandonnée des Espagnols qui fuyaient de toutes parts, la légion française eut infailliblement été entièrement détruite sans l'habileté et le courage de son brave chef le colonel Conrad; plusieurs fois les carrés enfoncés par la cavalerie royaliste se reformaient sous le feu le plus meurtrier de notre infanterie, qui s'était alors approchée à courte distance et menaçait la légion d'une charge à la baïonnette. Conrad, pressé de toutes parts, commanda alors la retraite, qui bientôt devint un sauve-qui-peut général, car la division d'Iribarren n'avait d'autre salut que cette protection.

La cavalerie royaliste chargea alors sur tous les points, et porta la mort dans tous les rangs. Les cuirassiers de la garde furent sabrés par le 4e régiment de cavalerie commandé par le brave colonel Segovia qui fut grièvement blessé, et les lanciers polonais, en poussant leur houra de détresse, battirent en retraite au galop de charge devant le 2e régiment commandé par Martinez. La déroute fut complète, et bientôt le champ de bataille fut couvert de morts. La nuit, qui pour les royalistes arriva trop tôt, sauva les restes de cette division, dont les généraux moururent en combattant à l'arme blanche (Diego Léon et Irribaren).

S. A. R. montra beaucoup de courage dans cette glorieuse bataille, et s'exposa aux plus grands dangers pour animer et enthousiasmer les soldats. Le général Villaréal, qui se trouvait à l'aile gauche, ne fit qu'accréditer sa vieille réputation de bravoure, et le brigadier Labarthe, alors attaché à l'état-major de la cavalerie, montra devant S. A. R. beaucoup d'habileté et un grand courage. Le Roi, qui pendant la bataille se trouvait sur une hauteur éloignée, escorté du bataillon des grenadiers de la garde et de la cavalerie de Manuelin, rentra en ville avant la nuit, et put recevoir les derniers témoignages de dévouement de nos malheureux blessés que l'on enlevait alors du champ de bataille.

L'ennemi perdit dans cette journée trois cents morts, quantité considérable de blessés; il eut deux généraux tués.

L'armée royale eut à déplorer la perte d'un brave officier, le colonel Ermosilla, commandant le 12e bataillon de Navarre, et environ deux cents blessés dont la plus grande partie de la légion étrangère; et l'armée eut aussi à regretter la perte d'un jeune officier de ce corps, nommé Beauland de Brie, fils d'une des plus anciennes et honorables familles de France. Ce jeune militaire, qui montra un courage plus que téméraire, mourut en se précipitant sur les carrés ennemis au cri de vive le Roi! La France royaliste perdit un de ses membres, et l'armée expéditionnaire un officier distingué.

Après la bataille, l'armée paraissait devoir se mettre en marche pour poursuivre l'ennemi qui se retirait sur Saragosse; mais des ordres contraires furent donnés, et les bataillons rentrèrent en ville au désappointement de tous les officiers, et même de plusieurs officiers-généraux qui voulaient poursuivre la retraite de l'ennemi jusqu'à Saragosse.

L'armée se reposa à Huesca, et deux jours furent employés à préparer le départ des blessés qui pouvaient être transportés: ceux qui par leur état se trouvaient dans l'impossibilité d'être enlevés, furent abandonnés, et, plus tard, massacrés par les révolutionnaires à leur rentrée dans la ville. Nous perdîmes, par cet excès de barbarie si habituel aux soldats de l'usurpation, plusieurs officiers d'un mérite distingué.

Le 27, vers le soir, l'armée royale fit son entrée dans la ville de Barbastro, après une marche de 10 heures par la route d'Angues, village célèbre par la bataille livrée sous ses murs par l'expédition de Catalogne, aux ordres de Guergué, à la légion française, quelque temps après son débarquement. Si l'inhabile Guergué avait su profiter des positions avantageuses que lui offraient le terrain et la bravoure de ses soldats, il eût pu mettre en déroute cette même légion qui l'obligea à rentrer lui-même en Navarre. Barbastro offrit à l'armée de nouvelles ressources, et devait encore donner à la légitimité un triomphe non moins grand que celui de Huesca.

Depuis l'entrée de l'armée à Barbastro jusqu'au jour de la bataille, des communications avaient été établies avec le corps d'opérations en Catalogne, alors commandé par le général Royo, et les blessés devaient être évacués sur les hôpitaux royalistes de cette principauté. Deux bataillons catalans et quelques cavaliers, au commandement du brigadier Ros d'Eroles, étaient campés sur la rive gauche du fleuve Cinca, qui forme la limite entre l'Aragon et la Catalogne; ils devaient protéger les blessés et guider ensuite notre marche à travers la Catalogne. Plusieurs détachemens de ces bataillons vinrent à Barbastro recevoir des armes que l'armée expéditionnaire avait alors en abondance, provenant des prises faites à la bataille de Huesca et aux urbains de la province.

Le 2 juin, la même division battue à Huesca, mais ralliée et renforcée par les troupes du rebelle Oraa, se présente, à 11 heures du matin, à nos avant-postes; elle est forte d'environ huit mille hommes, et soutenue d'une nombreuse et brillante cavalerie. Son artillerie avait à peine commencé son feu sur les tirailleurs de notre avant-garde, que l'armée royaliste, sortie de Barbastro dans le plus grand ordre, se rangeait en bataille dans la plaine et se préparait au combat. Les soldats étaient tellement animés que leurs officiers pouvaient à peine leur faire attendre le moment de la charge.

Le général Sopelana, avec les Alavais et les Aragonais, défendait l'aile gauche, et ses bataillons, soutenus par la cavalerie réunie, devaient appeler toute l'attention de l'ennemi. Le centre, commandé par le général Cuevillas, et formé de Castillans, était appuyé sur un petit bois d'oliviers, derrière lequel se trouvait la réserve, composée du bataillon des grenadiers de la garde et du 12e de Navarre. Le bataillon de la légion étrangère, formé en colonne, se trouvait en avant du centre pour soutenir le choc de la cavalerie ennemie qui s'avançait par escadrons. La droite, composée des bataillons navarrais, était commandée par le général Sanz, qui déploya encore en cette bataille beaucoup d'habileté. Le lieutenant-général Villaréal parcourait toute la ligne, animant les soldats qui l'accueillaient à son passage par des cris mille fois répétés de vive le Roi!

A midi, l'action s'engagea par l'aile droite et devint bientôt générale. Les positions occupées par l'armée royaliste étaient très-avantageuses, et sa cavalerie pouvait alors lutter avec celle de l'ennemi, quoique celle-ci fût supérieure en nombre.

La cavalerie ennemie s'avança, manœuvrant sur notre droite; mais elle reçut bientôt les décharges du bataillon de la légion étrangère, qui avait habilement manœuvré pour la repousser. Ce bataillon appela alors toute son attention, et reçut plusieurs charges qu'il soutint sans s'ébranler. La cavalerie ennemie se retira alors, et le feu commença avec toute l'infanterie.

Ce fut en ce moment, et d'un commun accord, que

les bataillóns royalistes s'élancèrent à la baïonnette sur les révolutionnaires, et les culbutèrent jusque sur leur réserve ; la cavalerie n'ose plus charger, elle se contente seulement de maintenir les fuyards. C'est alors que celle de l'armée expéditionnaire, et principalement le 4e régiment commandé par le jeune et courageux colonel Arospidez, font des efforts pour anéantir entièrement les masses de réserve qui commencent à s'ébranler ; notre infanterie suit le mouvement, et bientôt le combat sera décisif ; mais cette réserve, c'est encore la légion française, les débris de Huesca, qui, formés en trois carrés différens, vomissent la mort de toutes parts et ne veulent point se rendre ; mais rien ne peut arrêter l'élan des royalistes. La cavalerie de Manuclin arrive, et les carrés de la légion française sont enfoncés, culbutés, et dans l'impossibilité de se rallier. Conrad, l'intrépide Conrad avait trouvé la mort au milieu de ces mercenaires qui, n'entendant plus la voix protectrice de leur chef, fuient dans toutes les directions, et tombent de toutes parts sous les coups redoublés de notre cavalerie.

Les bataillons espagnols, à la vue de la destruction de la légion française, sont saisis d'épouvante, et grand nombre de soldats, présens à la précédente bataille de Huesca, jettent leurs armes et fuient dans toutes les directions. L'humanité des généraux carlistes mit fin au carnage, et tous les blessés ennemis furent faits prisonniers. L'usurpation perdit en cette journée, à jamais mémorable pour tout bon royaliste, cinq cent soixante-six morts, deux cents prisonniers et une quantité considérable de blessés. La légion française fut totalement détruite ; car, dès le lendemain de cette bataille, les débris de ces trop braves soldats, livrés au gouvernement espagnol, partirent pour Saragosse où ils se réunirent, au plus, au nombre de 400 hommes.

L'usurpation perdit un de ses meilleurs officiers, le colonel Conrad, qui mourut le sabre à la main, au milieu d'un carré.

S. A. R., pendant tout le temps de la bataille, ne cessa de parcourir les rangs, et elle fut partout accueillie aux acclamations renouvelées de vive le Roi !

La perte de l'armée royale fut peu considérable. Le bataillon de la légion étrangère éprouva le plus de mal, et presque tous ses officiers furent blessés. Le 2e régiment de cavalerie perdit un officier de mérite nommé Rubichon, d'origine française, et ancien garde-du-corps du Roi Charles X. Un jeune officier nommé Alexandre Des Echerolles, fils d'un sous-préfet sous la Restauration, mourut dans une charge à la baïonnette contre la cavalerie. Le baron de Los Valles, qui donna de nouvelles preuves de son courage, fut légèrement blessé.

Après le succès de Barbastro, l'ennemi étant en retraite au-delà d'Almudevar (4 lieues), l'armée royale rentra dans la ville par bataillons et dans le plus grand ordre. Les habitans purent alors se faire une idée réelle de l'armée royale, que l'on désignait avant comme une bande dévastatrice.

Le général Oraa prévoyant la marche prochaine de l'armée expéditionnaire sur le Cinca, où déjà nombre de blessés avaient été évacués, et où était la brigade catalane, opéra son mouvement de retraite sur Monzon pour pénétrer en Catalogne.

Les blessés passèrent le Cinca dans des barques protégées par nos troupes, et, le 5 juin, l'armée royaliste se mit en marche dans la direction de ce fleuve où elle arriva la nuit. Le passage fut immédiatement exécuté et dura jusqu'au lendemain à midi, quoique deux barques assez grandes fussent employées ; mais la nombreuse quantité de bagages et de gens inutiles qui suivaient l'armée firent perdre un temps qui eût été bien précieux s'il eût été employé strictement au passage des bataillons. Aussi attribua-t-on seulement aux aujalateros la perte du 4e bataillon de Castille.

Le 4e bataillon de Castille et un escadron de cavalerie se trouvaient seuls sur la rive droite du fleuve, lorsque l'avant-garde de l'ennemi arriva. Tous les hommes qui purent être passés sur les barques le furent avant l'arrivée de l'ennemi ; mais environ deux cents hommes restèrent sur la rive, alors ennemie, abandonnés à leur propre courage ; l'escadron se jeta dans le fleuve, et parvint à le traverser, en perdant seulement quelques lanciers. L'ennemi arriva alors, et intima la reddition aux deux cents braves Castillans, qui préférèrent recevoir la mort que d'être faits prisonniers en présence de leur Roi et de toute l'armée. Un feu bien soutenu et des plus vifs accompagna la réponse de leur colonel, et le combat le plus acharné s'engagea entre les deux cents braves et près de trois mille révolutionnaires, qui, peu rassurés par leurs forces, firent avancer l'artillerie, et les foudroyèrent avec leur mitraille ; une grande partie de ces braves trouva la mort la plus glorieuse ; quelques-uns d'entr'eux se jetèrent dans le fleuve, et parvinrent à le traverser sans avoir abandonné leurs armes. Honneur au 4e de Castille ! disait l'armée entière ; honneur à ces défenseurs de la légitimité ! dira le monde royaliste, en lisant cette simple narration des faits.

L'armée entière regretta ces braves, et promit de les venger. Pendant plusieurs jours, elle fit des marches et contre-marches, pour déjouer les plans du baron de

Meer, capitaine-général de Catalogne, sorti de Barcelone pour venir nous combattre.

L'armée commençait à recevoir moins régulièrement les distributions de vivres ; la pauvreté du pays qu'elle parcourait était la seule cause de ce dénuement; car les habitans de la Catalogne, en général, sont tous bons royalistes, et tous faisaient leurs efforts pour soutenir notre armée, qui était obligée de camper toutes les nuits et de faire vigilance active, le pays qu'elle parcourait étant occupé par des garnisons ennemies. Oraa s'était retiré, dès nôtre entrée en Catalogne, ne voulant point se mettre sous les ordres du baron de Meer, qui, comme capitaine-général de cette province, avait la préséance.

Les dispositions prises par le lieutenant-général Moreno, dans la nuit du 11 juin, veille de la journée de Guisona, assurèrent à l'armée une nouvelle bataille pour le lendemain. L'ennemi, à notre vue, était entré en forces considérables dans les villes fortifiées qui nous environnaient, et tout faisait présager que l'aurore du jour suivant trouverait les deux armées en présence.

Les plaines de la Catalogne ne devaient pas être aussi favorables à la légitimité que celles de l'Aragon.

La bataille de Guisona, bien que gagnée par les révolutionnaires, qui restèrent maîtres du champ de bataille, n'a cependant pas eu de suites désastreuses pour les royalistes, comme le publia le baron de Meer dans ses rapports, qui furent bientôt répétés par tous les journaux libéraux. L'armée royale soutint pendant huit heures un feu terrible d'artillerie et de mousqueterie. Des charges répétées à la baïonnette firent éprouver à l'usurpation des pertes considérables ; un village fut pris et repris cinq fois par la division Navarraise, aux ordres de l'intrépide général Sanz, qui le conserva jusqu'au moment de la retraite. Il fut alors occupé et brûlé par les révolutionnaires, après huit heures d'un combat inégal, et soutenu avec la plus grande vigueur. L'aile droite de l'armée royale, composée de Catalans, qui fut enfoncée par une charge de trois mille chevaux, nécessita la retraite générale, qui fut soutenue par les bataillons des grenadiers de la garde, et les débris de celui de la légion étrangère, alors sous le commandement d'un brave français, nommé Lacour; ce militaire, qui commença à servir la cause de Charles V, au temps de Zumalacarreguy, avait entièrement mérité la confiance de ce grand capitaine, qui le chargeait toujours des coups de main les plus difficiles; et Lacour, par son grand courage, parvenait toujours à être victorieux. Il était devenu la terreur des christinos, et les soldats de l'armée royaliste, dont il était connu, avaient pour lui la plus haute considération. Déjà il était arrivé au grade de lieutenant-colonel, au moment de la bataille de Guisona; et, plusieurs fois durant cette belle retraite, il soutint avec les restes de son bataillon, formés en carré, les charges d'une nombreuse cavalerie, qui ne pouvait l'entamer. Il fut vivement secondé par un jeune capitaine français, nommé Tandet, qui fut victime de sa bravoure, lors de la rentrée de l'armée dans les provinces fidèles.

Tandet, fait prisonnier à Balmaceda, fut fusillé à Vitoria par les révolutionnaires, malgré le traité Eliot. Cet officier avait, dans les dernières époques de dévouement en Vendée, défendu la cause de la légitimité, et lors de l'arrestation de Mme la duchesse de Berry, il passa en Espagne.

Le mouvement s'opéra dans l'ordre le plus parfait, en direction sur Solsona, ville fortifiée et résidence de la junte de Catalogne, où se réunirent bientôt les traînards qui, selon le baron de Meer, devaient tous tomber en son pouvoir. La retraite de Guisona procura, à beaucoup de braves, l'occasion de se signaler et de mériter l'attention du Roi. L'on vit alors le jeune prince autrichien Lichnowsky s'élancer à la tête d'un escadron de lanciers contre une division entière de dragons, qui allait charger notre infanterie, et arrêter par son choc le mouvement de cette cavalerie.

Le prince Lichnowsky fit des prodiges de valeur; la vitesse de son cheval l'emporta au milieu de la mêlée, suivi seulement du capitaine Léon B....., son aide-de-camp, qui volait à son secours; pendant un instant la vie du prince fut fort en danger. Les dragons christinos, reconnaissant en lui un des premiers chefs de l'armée, se battaient avec acharnement pour le prendre, et le jeune général ne dut son salut qu'au dévouement de son aide-de-camp, qui fut grièvement blessé d'un coup de pistolet, en sabrant les dragons qui le pressaient de toutes parts, et cet officier ne dut sa vie qu'à son extrême adresse et à sa grande habileté à manier son cheval. Il se fit jour, et malgré la gravité de sa blessure, il parvint encore à rejoindre l'armée.

Ce jeune français fut plus tard, par la bienveillance royale, promu au grade de chef d'escadron.

Le baron de Los Valles donna aussi, en cette circonstance, des preuves de beaucoup de courage et d'une haute capacité.

L'armée continua sa retraite et arriva aux environs de Solsona le 14 juin. Le Roi fit son entrée dans la ville aux acclamations d'une foule considérable de Catalans, venus de toutes parts pour le recevoir.

Le général Royo, qui vint au-devant du Roi, partit immédiatement pour son quartier-général, où s'étaient réunies deux divisions Catalanes qui devaient opérer dès-lors avec l'armée expéditionnaire.

Le baron de Meer, après la bataille de Guisona, se retira à Barcelone, après avoir fait un mouvement pour couvrir l'Ebre, laissant ses troupes en observation sur ce point. La position de l'armée royale devenait de plus en plus difficile par les obstacles que rencontrait l'intendance et l'administration pour la réception des vivres. Le zèle du digne brigadier Orteu, président de la junte de Catalogne, fût alors d'un grand secours, et le service reprit son ancienne activité.

L'attention de l'armée ennemie fut appelée par la concentration de nos forces sur la ville de Saint-Pedor, dont nous commençâmes le siége avec les pièces d'artillerie, fondues en Catalogne par les soins du général Tristany, dont la division s'était approchée de la place. Après deux jours d'une forte canonnade, l'armée ennemie, voulant protéger cette ville, quitta les positions qu'elle occupait pour venir à son secours ; ce fût alors que par une manœuvre habile et une marche forcée, opérée de nuit, les royalistes se portèrent sur l'Ebre.

L'armée royale éprouva au siége de Saint-Pedor la perte d'un officier supérieur du génie qui fût vivement regretté, et immédiatement remplacé par un officier du plus grand mérite, le baron Rhaden, officier supérieur du génie de l'armée prussienne, qui, lors du siége d'Anvers, avait été demandé par le roi de Hollande ; les services rendus dans cette place par cet officier contribuèrent beaucoup au prolongement du siége. Le baron Rhaden jouit dans l'armée royale d'une grande considération et possède toute la confiance du Roi.

Le général Cabrera attendait sur la rive droite de l'Ebre l'arrivée de l'armée expéditionnaire, et avait fait préparer les barques qu'il venait de prendre à l'ennemi. Sa division, rangée en bataille sur les plateaux élevés, qui dominaient le fleuve, protégèrent le passage qui s'opéra dans la nuit, près de Flix. L'enthousiasme de nos soldats était à son comble, en voyant ces nouveaux défenseurs de la légitimité, qui leur firent l'accueil le plus amical. Chaque soldat semblait avoir retrouvé un frère ; et toute l'armée oublia les fatigues et les privations qu'elle venait d'éprouver dans sa marche rapide sur l'Ebre. Le général Cabrera, cet homme qui sait tout prévoir, avait fait préparer de nombreuses rations qui furent immédiatement distribuées a l'armée qui campa sur la rive droite de l'Ebre. Une division révolutionnaire, commandée par le portugais Borso, vint dans la soirée faire acte de présence sur la rive opposée, et envoyer quelques bombes qui éclataient loin du camp des royalistes qui avaient repris leur première énergie par leur réunion aux troupes du jeune capitaine-général des royaumes de Valence, Aragon et Murcie.

Les soldats de l'armée expéditionnaire avaient une confiance aveugle dans le général Cabrera, et tous désiraient le voir à leur tête. Il eût été à désirer que ce poste important fût accordé au seul homme qui, par sa grande influence, sa bravoure extraordinaire et sa haute capacité, pouvait porter un coup décisif à l'armée ennemie. Si le général Cabrera était devenu chef d'état-major général, Espartero, lors de son arrivée à Alcala par la route de Guadalajarra, *eut été attaqué et battu*, et Cabrera aurait ouvert au Roi légitime les portes de sa capitale. Les faits qui se sont succédé parlent assez en faveur du jeune capitaine-général. Reprenons notre récit.

L'armée se mit alors en mouvement et arriva à San-Mateo, où le quartier-royal fut établi, et elle se mit ensuite en marche pour opérer dans le royaume de Valence, de concert avec les forces du général Cabrera, qui occupaient le pays ; des marches et contre-marches lui faisaient parcourir, tantôt le royaume de Valence, tantôt l'Aragon, jusqu'après l'affaire de Chiva, où l'armée royale prit la direction de Cantavieja, ville fortifiée et centre des opérations des Royalistes en Aragon. Le général Sanz fut alors chargé de parcourir avec sa division la *Huerta* de Valence pour y prendre tous les chevaux utiles à la cavalerie, et obliger en même temps Oraa, qui alors avait repris son commandement, comme capitaine-général de Valence, à diviser ses forces pour suivre les mouvemens de ce corps d'opération.

Les habitans du royaume de Valence donnèrent en bien des circonstances des preuves sincères de leur attachement à leur Roi, et cette belle partie de l'Espagne désirait ardemment l'entrée des troupes royales à Valence. Oraa commençait à perdre confiance en ses propres forces, et une seule division suffisait alors pour l'obliger à s'éloigner.

Le Roi resta quelques jours à Cantavieja. Le peu de temps que S. M. passa dans cette ville, capitale de l'Aragon royaliste, fut employé à l'amélioration des administrations, le tout dans l'intérêt des habitans, fidèles serviteurs de leur Roi. Charles V et son quartier-royal suivirent ensuite la marche du gros de l'armée qui opérait en Aragon, et semblait se rapprocher de la route des Castilles. La division du général Sanz revint alors de sa tournée; et fit sa jonction avec le corps principal de l'armée expéditionnaire. Les divisions d'opérations, sous les ordres du général Cabrera, étaient rentrées dans le royaume de Valence, et y appelaient toute l'attention du général Oraa. L'armée expéditionnaire était reçue avec bienveillance par les habitans du pays qu'elle occupait; elle ne manquait de rien, elle attendait seulement avec impatience le moment de rencontrer l'ennemi, qui depuis long-temps avait disparu. (Conséquence du mouvement des troupes de Cabrera qui appelèrent toutes les forces d'Oraa dans le royaume de Valence.)

L'occasion devait bientôt se présenter, et les plaines de l'Aragon devaient une troisième fois être à jamais mémorables pour l'armée expéditionnaire. Elle s'était fait regretter par les habitans du beau royaume de Valence, qui tous rendaient hommage à sa belle conduite.

Les journaux révolutionnaires attribuaient alors à la présence seule du Roi la sévère discipline qu'observaient les soldats, discipline qui a, en tout temps, élevé les troupes royalistes bien au-dessus de celles qui défendent l'usurpation, et commettent chaque jour des actions infâmes.

L'artillerie s'était parfaitement organisée à Cantavieja, où, par ordre du général Cabrera, six pièces de montagne et un obusier avaient été fondus et mis en batterie de campagne. Les soldats virent avec plaisir ce renfort si utile, et qui plus tard nous rendit d'importans services.

Oraa ne pouvait plus rester dans le royaume de Valence, où il se trouvait inquiété par le général Cabrera; il prit la route de Daroca, où il vint établir son quartier-général, afin d'opérer, de concert avec les forces du rebelle Buerens, qui venait d'arriver à Saragosse.

Il ne restait à l'armée royaliste qu'une route à suivre pour empêcher la jonction des deux corps ennemis, et leur couper toute espèce de communication. Les divisions se mirent en marche, et l'armée entière arriva dans la plaine d'Herrera, avant que l'ennemi eût eu le temps même d'établir ses communications.

L'armée royaliste, en traversant cette partie de l'Aragon, reçut de ses habitans l'accueil le plus empressé; tous vantaient la valeur et la belle conduite des troupes qui avaient jusqu'alors occupé leur pays; c'était l'ancienne brigade commandée par Quilez, et qui alors était aux ordres de Don Juan Cabanero, homme de grande influence en ce pays, estimé par les habitans, qui vinrent en masse se ranger sous son étendard. Aussi sa division devint une des plus fortes de l'armée royaliste.

Le général Don Juan Cabanero fut d'une grande utilité à l'armée expéditionnaire pendant son séjour en Aragon. Sa parfaite connaissance du pays et son influence sur ses habitans faisaient arriver au quartier-général, et en abondance, tout ce qui était nécessaire; tandis qu'au contraire, Oraa était obligé de chercher ses ressources dans la seule ville qu'il occupait, et qui se trouvait resserrée par les *partidas* du chef aragonais.

Arriva le 24 septembre, journée de bienheureuse mémoire pour tout royaliste : S. M. Charles V occupait le village de Villars de Los Navarros, devenu célèbre par la fameuse bataille qui y fut livrée par S. A. R. l'Infant Don Sébastien Gabriel, qui y avait aussi son quartier-général.

La division castillane, alors commandée par le brigadier Don Basilio, était campée dans les rues du village. La division navarraise, aux ordres du général Don Pablo Sanz, occupait celui d'Herrera, point avancé de la plus grande importance, sur la route de Saragosse, et la division alavaise, commandée par le brave Sopelana, couvrait la route de Daroca.

Le 23 septembre, un espion, sorti de Saragosse, fut arrêté par la cavalerie du brave colonel Manuelin, et conduit au général Sanz; il était porteur d'un petit billet adressé à Oraa, qui l'informait que le lendemain la division Buerens se mettrait en marche au point du jour, pour arrriver à midi devant l'armée expéditionnaire, et lui livrer combat; Oraa devait alors opérer le même mouvement, et, par la route de Daroca à Saragosse, tomber sur notre arrière-garde. L'espion fut immédiatement fusillé, et le général en chef prit ses dispositions pour la bataille du lendemain. Les adjudans-généraux et officiers d'état-major avaient porté les ordres, et le 24, au point du jour, l'armée occupa ses positions.

Le général Sanz, qui se trouvait à l'avant-garde, reçut ordre de se retirer sur notre centre dès l'approche de l'ennemi. Le centre était occupé par les Castillans et les Aragonais, et soutenu par toute l'artillerie. La division alavaise occupait la gauche et formait partie de la réserve.

A peine il était onze heures du matin, que l'avant-garde de Buerens se présente à Herrera. Sa division, forte de six mille hommes et 400 chevaux, élite de l'armée révolutionnaire, arrivait dans un ordre parfait. Comptant sur la victoire, Buerens n'hésite pas un instant; il envoie sa cavalerie qui bientôt est aux prises avec le brave Manuelin.

La division Sanz opère sa retraite sur le centre; les révolutionnaires poussent alors un cri de victoire; ils croient déjà s'être emparés de Charles V et de son armée; ils s'élancent au pas de charge. Mais les royalistes sont fermes, ils attendent en silence le choc de l'ennemi qui arrive, et a déjà fait replier nos tirailleurs. Le signal est bientôt donné dans l'armée royaliste par une décharge d'artillerie à mitraille. Les bataillons s'élancent et font reculer l'ennemi. Les colonels Manuelin et Arozpidez, à la tête de toute la cavalerie, chargent les masses ennemies, les enfoncent et les mettent dans la déroute la plus complète. Arrive alors la division de réserve que commandait Sopelana, par la route de Daroca. Les révolutionnaires prennent cette division pour celle du rebelle Oraa qui devait les secourir. Ils se raniment, se reforment, et disputent encore la victoire, lorsque, débouchant par leur flanc gauche, la division alavaise se place à leur arrière-garde, et les disperse par le feu le plus meurtrier. Les Aragonais avaient alors manœuvré sur la droite, et fermaient à l'ennemi toute retraite possible. Le centre donna en ce moment la charge qui décida de la victoire; le cri de sauve-qui-peut se répandit partout, les soldats jetaient leurs armes, et étaient immédiatement faits prisonniers.

Buerens seul put s'échapper avec quelques cavaliers et arriver à Saragosse; les restes de cette brillante division qui s'étaient retirés sur Herrera, et enfermés dans l'église, furent faits prisonniers le même soir dans cet édifice.

4500 hommes d'infanterie, 200 chevaux, deux pièces d'artillerie, cent cinquante officiers, parmi eux le général Solano, furent faits prisonniers. L'ennemi éprouva, en outre, une perte sensible en morts et blessés.

De son côté, l'armée royaliste eut à regretter trois officiers supérieurs d'un bien grand mérite. Le général Quilez mourut à la tête des Aragonais. Le trop brave Manuelin fut grièvement blessé, à la tête de son escadron, dans la dernière charge. Cet officier mourut quelques jours après des suites de sa blessure, ainsi que le colonel Oteiza, commandant le fameux bataillon des Guides de Navarre, la terreur des révolutionnaires au temps de l'immortel général Zumalacarreguy. Ils furent vivement regrettés et du Roi et de toute l'armée.

Les généraux royalistes, dans cette glorieuse bataille, déployèrent une activité tellement bien entendue, que les mouvemens s'opéraient avec le meilleur ensemble et dans l'ordre le plus parfait.

Les généraux Villaréal et Zavala se firent particulièrement remarquer par leur habileté et leur grande bravoure. Le brigadier Arjona, secrétaire militaire de S. A. R., qui fut blessé au bras, rendit d'importans services et contribua beaucoup au gain de la bataille.

Le baron Rhaden, officier supérieur de l'armée prussienne, et alors commandant général du génie, déploya une activité extraordinaire, et rendit d'importans services par les dispositions qu'il donna pour l'établissement des batteries d'artillerie; son aide-de-camp, le baron de Kelk, aussi officier prussien, le seconda et fut légèrement blessé.

Le général Merino (le curé), malgré son grand âge, parcourait les lignes au galop de son fidèle andaloux, pour animer les soldats qui criaient sur son passage: *Viva el Abuelo!* (le grand-père).

Un trait d'humanité, de la part d'un officier-général royaliste, mérite d'être mis au jour.

Après la bataille, un officier-général visitait les blessés ennemis qui se trouvaient encore étendus sur le terrain. Un vieil officier du bataillon dit *Principe* était percé de deux balles dans la cuisse, et avait été déshabillé par ses propres soldats qui l'avaient laissé en caleçon. « Général, s'écrie le blessé en le voyant passer au galop, secours! » Il s'approche alors, et donne l'ordre à un soldat de le conduire à l'ambulance: ce qui fut fait. Le lendemain, le général qui avait fait prendre le nom de cet officier lui fit porter 10 frédéricks d'or par son aide-de-camp. Le vieux militaire ne voulait point recevoir cette offrande qui, disait-il, venait d'un de ses compatriotes, mais d'un ennemi. Non, lui dit l'aide-de-camp, ce secours vous est donné par le prince Lichnowsky, sujet autrichien, qui vous protégea hier. L'officier accepta alors en versant des larmes de reconnaissance.

Après la glorieuse bataille de Villars de los Navarros,

l'armée royaliste resta peu de temps en Aragon, et prit la route des Castilles, se dirigeant sur la capitale des Espagnes. Elle s'était considérablement augmentée; car, des 1500 prisonniers, 3,000 reçurent des armes et furent incorporés dans les bataillons castillans. Cette victoire avait élevé l'esprit du soldat; il n'était plus qu'un cri : c'était Madrid, et un désir, de terminer la guerre.

L'armée entra en Castille et traversa les plaines de la Manche, parcourut ce beau pays, reçue à bras ouverts par les habitans. Les Castillans ont fait preuve de leur dévouement à la cause de la légitimité; tous les urbains furent désarmés par le peuple qui venait en masse s'enrôler dans nos bataillons; les fils des plus riches familles se présentaient avec leurs chevaux et entraient dans nos escadrons, animés et trop heureux de porter la lance pour servir leur Roi légitime. Telle était la situation du pays; et quiconque a fait partie de l'armée expéditionnaire qui parcourut l'Espagne, pourra affirmer que toutes les provinces sont royalistes; dans les retraites comme dans les marches en avant, le peuple a eu pour l'armée les mêmes égards et partagea les mêmes sympathies.

Oraa était resté à Daroca, où il paraissait devoir faire un long séjour. Cabanero avec de nouveaux bataillons, qui s'étaient formés pendant notre séjour en Aragon, occupa les environs de cette ville et appela l'attention de cette division.

L'armée expéditionnaire continuait sa route vers la capitale sans être nullement inquiétée, et chaque jour ses rangs étaient grossis par les nombreux volontaires qui se présentaient en armes, au point qu'une nouvelle division devait être formée.

Nous approchions de Tarancon, ville d'environ douze mille âmes, située à 11 lieues de Madrid. L'enthousiasme des habitans était à son comble à la vue de leur Roi ; tous se précipitaient sur son passage, et tous briguaient l'honneur de toucher ses vêtemens ; vieillards, femmes et enfans se pressaient autour de son cheval : les gardes étaient obligés de s'avancer pour faire ouvrir le passage. Le général Cabrera avait quitté le royaume de Valence et fait de nouveau sa jonction avec l'armée expéditionnaire. Les marches opérées par ce général démontraient à l'armée toute son habileté ; ses divisions furent placées à l'avant-garde et prirent la route de Madrid par le chemin royal de Valence.

Les habitans de Tarancon étaient restés dans leur ville, voire même la plus grande partie des urbains qui firent leur soumission. La propriété du père du fameux garde-du-corps Munoz, aujourd'hui favori de la veuve du Roi Ferdinand VII, fut respectée, malgré que par ordre de la princesse napolitaine, *qui s'intéresse particulièrement à cette famille*, le père de Munoz se fût retiré à Madrid, à l'approche de l'armée expéditionnaire. On prétend même qu'il conduisit en cette capitale un enfant du mystère. La ville fut illuminée et donna aux royalistes, par sa belle réception, une preuve de son attachement. L'armée ne resta qu'une nuit dans la ville ; déjà les divisions du général Cabrera étaient entrées à Chinchon, après avoir traversé le Tage, et s'approchaient de la capitale.

Les forces expéditionnaires suivaient le mouvement et entrèrent dans la ville d'Arganda, à quatre lieues de Madrid, où le quartier-général fut établi.

Le peuple réuni en cette ville était tellement nombreux au passage du Roi, que le monarque employa près d'une heure pour traverser la ville et arriver au palais qui lui avait été préparé par les habitans. Près de soixante mille âmes s'y trouvaient assemblées, au nombre desquelles une quantité considérable d'habitans de la capitale. A son passage, Charles V était accueilli par les cris mille fois répétés de vive le Roi! c'était au point que les chevaux effrayés ne voulaient plus avancer; le peuple voulait porter le Roi, et il fut difficile de le contenir. S. M. entra dans le palais vers midi, et les troupes furent campées dans les rues de la ville. Les habitans se joignaient aux soldats; tous voulaient participer à la gloire de la dernière bataille. Oui, disaient-ils, si Espartero ose tenter de s'approcher, c'est assez de nous pour chasser ces hordes dévastatrices; nous saurons mourir en défendant notre Roi! Les femmes, les enfans se joignaient aussi à cette réunion: tous voulaient alors marcher sur Madrid.

En attendant le moment du combat, les soldats navarrais commencèrent à exécuter avec les Castillanes (même de la haute société) les danses usitées en leur pays. La joie était générale, et les libations se multipliaient sous le patronage des toasts mille fois renouvelés pour le salut du Roi et le triomphe de la juste cause.

La division du général Cabrera était arrivée à Ballecas (à demi-lieue de Madrid), et ses tirailleurs couronnaient les hauteurs de la capitale. S. A. R. l'Infant D. Sébastien y arriva, et aussitôt la division s'avança et vint se former en colonne devant la porte d'Atocha.

Madrid était sans défense. Quatre cents grenadiers et cuirassiers de la garde royale pouvaient seuls faire résistance. Ils furent bientôt chargés par la cavalerie valencienne qui, sous les mêmes murailles de Madrid, et en vue de toute la populace, les mit en fuite et leur fit bon nombre de prisonniers, et parmi eux, leur colonel nommé Cardon.

Toute l'armée attendait la nuit avec impatience; car

tout annonçait que l'assaut serait donné. Des personnes sorties de Madrid assurèrent que cette capitale n'avait d'autres forces que ses gardes nationaux, dont la plus grande partie est royaliste. Les soldats étaient pleins d'espérances ; ils entrevoyaient le terme des maux qui désolaient leur patrie ; tous seraient montés à l'assaut, lors même que la mort eût été certaine.

L'armée royaliste, bien positivement, serait entrée à Madrid ; les révolutionnaires l'ont eux-mêmes confessé, car rien n'aurait pu résister à son premier choc.

La régente et sa fille étaient dans la capitale, ainsi que tout le gouvernement de l'usurpation, sans espoir de secours ; car Espartero était alors à Cuenca. On prétend même que les Cortès s'étaient assemblées dans la matinée.

S. A. R. l'Infant Don Sébastien avait toujours sa lunette fixée sur le palais de ses ancêtres ; il paraît même qu'il reconnut l'Infante Luisa Carlotta, qui, de son balcon, regardait l'armée royaliste. La veuve du roi Ferdinand VII vint dans la soirée au Retiro, et même à la porte d'Atocha, pour voir de plus près les soldats de son beau-frère. En apercevant le jeune prince autrichien, qui, accompagné de son aide-de-camp, s'était approché très-près de la porte, elle témoigna le désir de connaître le nom de ce jeune général, *qu'elle trouvait fort joli garçon.*

Un courrier du palais venait d'être fait prisonnier ; il était porteur d'une lettre de la régente à Espartero, avec l'ordre de se porter immédiatement sur Madrid, avec toutes ses forces. L'armée était dans l'attente ; Cabrera brûlait d'impatience, lorsque, vers trois heures de l'après-midi, un officier-général vint apporter l'ordre de la retraite sur Arganda. Cabrera fronça le sourcil et fit connaîtrre le mécontentement que lui occasionnait cet ordre, qui venait du chef d'état-major général, Et immédiatement les bataillons opérèrent leur retraite sur Arganda, où ils passèrent la nuit. Le silence qu'observaient les soldats témoignait assez des regrets qu'ils éprouvaient en s'éloignant de la capitale, car ils avaient grande confiance dans l'habileté de l'intrépide général Cabrera, qui fut infailliblement entré à Madrid la même nuit.

Au point du jour, l'armée se retira sur Mondejar, où le quartier-général fut établi. Malgré le mouvement de retraite, les paysans accouraient de toutes parts s'enrôler sous les drapeaux royalistes, et de 650 hommes valides, de ce même village, 634 prirent les armes, abandonnant femmes et enfans. A Mondejar, S. A. R. passa la revue de toutes les troupes, qui vinrent ensuite défiler devant le roi.

Les divisions se portèrent ensuite plusieurs fois sur Madrid, et le gros de l'armée accompagnait le Roi. S. A. R. l'Infant Don Sébastien manœuvrait aux environs de Guadalajara; cette ville ouvrit ses portes aux royalistes, après avoir obligé la garnison à s'enfermer dans le fort.

Espartero s'approchait; il arrivait de Cuenca (Cuenca se trouve éloigné de la capitale de 40 lieues) en quatre journées, sans avoir même eu le temps de faire donner des rations à ses troupes. Il venait secourir la capitale menacée, et se présenta près de Guadalajara dans un désordre complet. Ses troupes, exténuées de fatigue, pouvaient à peine suivre la marche de la cavalerie qui se dirigeait sur Alcala. L'armée royaliste occupa les positions formidables de Guadalaxara toute la journée, sans faire aucune démonstration hostile. Il était cependant bien à présumer que les ennemis seraient battus s'ils acceptaient la bataille.

Espartero entra tranquillement dans Alcala, où il passa la nuit suivante. Au point du jour, les royalistes se présentèrent devant cette place, et se retirèrent immédiatement par la même route qu'ils avaient parcourue, car l'armée ennemie avait été renforcée dans la même nuit par la division de Lorenzo. Dès-lors, Charles V commença sa retraite qui s'opéra dans l'ordre le plus parfait. La cavalerie seule eut ce même jour un engagement avec celle de l'ennemi, et eut infailliblement triomphé, si elle eût possédé un bon chef. Les braves Reyna, Martinez et Arozpidez ne pouvaient commander, et leur bravoure devait recevoir l'affront que leur préparait l'incapacité du brigadier Delpan qui commandait alors..... et qui, par son peu de courage et de fermeté, occasionna la déroute de notre cavalerie, et faillit compromettre l'armée. La marche rapide de notre infanterie l'éloigna de l'ennemi, et protégea ainsi la personne du Roi.

Cabrera partit alors avec ses divisions pour le royaume de Valence, afin d'obliger l'ennemi à diviser ses forces, et, par un malentendu, le général Sanz et plusieurs autres généraux suivirent Cabrera.

La direction de l'armée royaliste était facile à supposer. Le jeune général Zaratiegui, après avoir pris d'assaut la ville de Segovie, était entré dans Valladolid, capitale de la vielle Castille, et s'était emparé de toutes les places de guerre de cette province. En un mot, il était maître de tout le pays, et ses partisans étaient échelonnés jusqu'aux portes de Madrid. L'armée expéditionnaire se dirigea donc sur ce corps d'opérations. Espartero suivait de près et donnait à peine le temps de prendre des rations. Zaratiegui, sorti de Valladolid à la tête de 12,000 hommes, venait à notre secours, et entrait dans la ville d'Aranda del Duero, le jour même où nous nous présentions devant cette place.

Le rebelle Carondelet s'approchait aussi de la ville, à la tête d'une nombreuse division, comptant sur la coopération d'Espartero pour battre les deux corps royalistes réunis; mais à peine se présente-t-il, qu'il est battu et honteusement chassé par une seule partie de la division du libérateur et protecteur des Castilles. L'habileté que démontra le général Zariategui, dans cette bataille, donna à connaître au chef des révolutionnaires qu'il avait rencontré l'élève du grand capitaine. Carondelet fut vaincu et Zariateguy donna à S. M. Charles V entrée dans une des premières villes de la Vieille-Castille.

Le général Elio, chef d'état-major et ami de Zariateguy, mérita en cette bataille les éloges de toute l'armée.

Espartero arrivait et toutes les forces révolutionnaires s'unissaient à lui ; l'armée expéditionnaire quitta donc Aranda, et unie à celle de Zariateguy, qui protégeait sa retraite, elle opéra son mouvement sur les montagnes de Burgos qu'elle occupa jusqu'au moment de la séparation des divisions. Un engagement avait eu lieu quelques jours auparavant au village de Retuerta, avec Espartero et Lorenzo, sans avantage aucun pour les armées belligérantes.

S. M. Charles V prit alors le commandement en chef et Moreno fut conservé chef d'état-major. S. A. R. l'Infant Don Sébastien Gabriel commandait le second corps royaliste qui devait prendre une autre direction ; Zariateguy était son chef d'état-major, et le brigadier Carmona, ancien commandant du 10e bataillon de Navarre, se trouvait à la tête de la division de l'intrépide Sanz, qui avait perdu momentanément son chef par le peu d'empressement de MM. les officiers d'état-major à transmettre les ordres ; mais Carmona, pendant tout le temps de son commandement, qu'il conserva jusqu'au retour de l'armée expéditionnaire sur la terre fidèle, prouva par sa bravoure et ses moyens militaires que cette division avait à sa tête un chef digne de son prédécesseur; et cet officier supérieur, en récompense des services qu'il rendit pendant l'expédition, fut nommé, lors de l'éloignement du général Moreno, second chef de l'état-major de l'armée.

Les divisions se séparèrent et le Roi resta dans la province de Burgos.

La colonne, commandée par S. A. R. l'Infant, après avoir opéré dans les environs de Covarubias, se dirigea sur l'Ebre par la route de Casa de la Reina.

Quelques jours après, le passage de ce fleuve fut opéré par ce corps d'armée, qui rentra alors dans les provinces fidèles avec des forces trois fois plus considérables qu'à l'époque de sa sortie.

En exécution du traité Elliot, un hôpital fut établi à Santo-Domingo de Silos, pour recevoir nos nombreux blessés qui y furent laissés par l'armée à son départ, sous la simple protection du peu de forces qui devaient rester en cette province, et confiés aux uniques soins d'un seul chirurgien français, nommé Guipon, qui consentit à exposer sa vie pour soulager ces infortunés. Dès le départ de nos forces, les révolutionnaires, foulant aux pieds toutes les lois de l'humanité, immolèrent tous les malheureux qui n'avaient pu s'échapper à leur approche, et emmenèrent prisonnier le brave et dévoué chirurgien Guipon, qui, jusqu'au moment du plus grand danger, resta au milieu des blessés, et parvint à en arracher quelques-uns des mains des barbares et infâmes satellites de l'usurpation.

Le chirurgien Guipon est encore aujourd'hui prisonnier dans les cachots de Vitoria, malgré plusieurs réclamations faites par le représentant français à Madrid, pour obtenir sa liberté et son renvoi en France.

Le corps d'armée, commandé par S. M. le Roi en

personne, ne tarda pas à opérer le même mouvement, après avoir laissé dans les montagnes de Burgos des forces nécessaires à l'occupation du pays.

Tels ont été les succès de l'armée expéditionnaire ; son trajet au milieu de l'Espagne, et la réception que lui firent les habitans jusqu'aux portes mêmes de la capitale, démontreront au monde entier que le gouvernement usurpateur en Espagne n'est point soutenu par la masse des habitans, que le pays au contraire est entièrement royaliste, et attend avec impatience l'avènement au trône de son Roi légitime, qui est le meilleur et le plus aimé des Rois.

Les révolutionnaires ont cherché à dénaturer les faits, et à donner à l'Europe, par leurs rapports mensongers, une idée tout-à-fait fausse des événemens qui se sont succédé pendant l'expédition. Ils ont tenté, par toute sorte de moyens, d'étouffer cet élan populaire, qui s'était manifesté à l'intérieur du royaume lors du séjour du Roi légitime au centre de Castilles.

Ils ont échoué partout, car le monde royaliste aura su apprécier les rapports reproduits par les feuilles de l'usurpation ; et le peuple espagnol aura souffert avec résignation les vexations et les mauvais traitemens que lui aura prodigués l'hydre révolutionnaire. Mais en se courbant sous ce joug, imposé par l'usurpation, il aura conservé l'espoir de voir terminer un jour les maux qui désolent en ce moment ce beau pays, par le triomphe de la cause la plus légitime, la cause de Dieu, qui est aussi la cause du Roi ! ! !

Etat des forces de l'Armée expéditionnaire à sa sortie des Provinces.

16 bataillons d'infanterie de ligne, dont :

4 Navarrais, commandés par le maréchal-de-camp don Pablo Sanz;

4 Castillans, commandés par le maréchal-de-camp Cuebillas;

4 Alavais, commandés par le maréchal-de-camp Sopelana ;

2 Aragonnais, commandés par Quilez ;

Le bataillon des grenadiers de la garde, le bataillon de la légion étrangère, par leurs chefs respectifs.

4 régimens de cavalerie, formant ensemble 1,200 chevaux, commandés par le général comte del Prado, le brigadier Labarthe et colonel Reina, chefs de l'état-major de la cavalerie.

Etat-major général.

Le lieutenant-général MORENO, chef d'état-major.

Colonel CABANAS, adjudant-général.

Lt.-Colonel FULGOSIO.

Nombre d'officiers subalternes.

Etat-major de S. A. R.

Le lieutenant-général VILLARÉAL, 1er aide-de-camp.

Idem Comte de LA MADEIRE, 2e aide-de-camp.

Le prince autrichien général LICHNOWSKY.

Le colonel Antonio ARJONA, secrétaire militaire.

Le colonel MERRY.

Et quatre officiers d'ordonnance, dont un fourni par chacune des quatre provinces.

IMPRIMERIE DE L. DIEULAFOY, RUE DES TOURNEURS, 45.

www.ingramcontent.com/pod-product-compliance
Ingram Content Group UK Ltd.
Pitfield, Milton Keynes, MK11 3LW, UK
UKHW020453230726
13925UKWH00005B/1915

9 782014 047929